AF509338

APRÈS TROIS ANS DE GUERRE

LA CONFÉRENCE AU VILLAGE

CONTRE LA PROPAGANDE ENNEMIE EN FRANCE

11, AVENUE DE L'OPÉRA — PARIS (1ᵉʳ)

MINISTÈRE DE L'INSTRUCTION PUBLIQUE
ET DES BEAUX-ARTS

APRÈS TROIS ANS DE GUERRE

APRÈS TROIS ANS...

Au moment où les écoliers quittent les classes pour vivre plus complètement dans leur famille, il a paru bon et peut-être nécessaire de mettre entre leurs mains, pour le lire au foyer paternel, un récit succinct des événements de ces trois ans de guerre ; un exposé clair et concis qui leur permît d'encadrer les souvenirs profonds mais troubles ou mal coordonnés qu'ils ont accumulés et de se rendre compte du lien historique et surtout moral qui les enchaîne les uns aux autres.

Ils trouveront dans ces quelques pages un résumé fidèle des causes et des péripéties essentielles de la grande guerre. On s'y est attaché à présenter les faits simplement, sans déclamation inutile, mais avec une précision plus éloquente que les plus violents réquisitoires. Il s'agissait moins de persuader que de renforcer dans les mémoires quelquefois oublieuses ce sentiment que la cause de la France n'est pas seulement une cause sainte, puisqu'elle est celle de la France, mais qu'elle est une cause juste, et que notre pays peut affronter le jugement universel, la tête haute et la conscience pure.

Nos enfants verront clairement par ce petit livre quelle a été l'action conciliante de notre pays, au cours des angoissantes journées qui précédèrent la catastrophe ; ils sentiront combien tout notre effort diplomatique a tendu vers l'apaisement d'un conflit vers lequel, de l'autre côté du Rhin, l'on s'orientait avec une ténacité sournoise. Ils comprendront que, si l'humanité saigne maintenant par toutes ses veines, la

France a, jusqu'au dernier moment, refusé d'accepter la monstrueuse responsabilité de lui porter les premiers coups.

Mais ce qu'ils comprendront aussi c'est que leur pays, lâchement attaqué, devait, par cela même, faire face à l'agresseur, de toutes les forces de sa volonté et de son cœur : c'est qu'il n'eût plus été lui-même s'il ne l'avait pas fait, et que, dans le naufrage qui s'en fût suivi, ce n'est pas seulement sa libre existence mais son honneur qui se seraient engloutis.

Sa cause, à présent, est devenue celle de toutes les dignités et de toutes les libertés ; sa cause est celle de la liberté du monde. Toujours meurtrie, la France est déjà sauve : autour d'elle, comme autour d'un drapeau, se groupe tout ce qui, dans l'humanité, refuse de servir et d'accepter le joug. Récompense admirable d'un héroïsme et d'une constance sans pareils dans l'histoire ! Et qu'il soit bien entendu que ni cet héroïsme, ni cette constance ne viendront à faiblir, que nulle impatience, nul sacrifice nouveau n'en ébranleront la fermeté. La France, sûre désormais d'un avenir radieux, se doit à elle-même, comme elle doit au monde, de déployer autant d'énergie pour mener résolument à ses fins nécessaires la lutte à laquelle on l'a contrainte, qu'elle a mis d'obstination et de bonne foi à en épargner aux hommes le cauchemar terrible et sanglant.

T. STEEG.

APRÈS TROIS ANS
DE GUERRE

Trois années de guerre! Une fois encore l'été Juillet 1914. ramène, avant que le monde ait pu déposer les armes, l'anniversaire tragique. Une fois encore vous allez vous retrouver en vacances au moment où la mobilisation, il y a trois ans, était décrétée.

De ces jours pathétiques, vous n'avez pas perdu, vous ne devez pas perdre le souvenir. Ils ont marqué vos fronts d'une gravité précoce. Vous vous rappelez dans quelle atmosphère d'angoisse on vivait, fin juillet 1914. Vous avez vu avec quelle impatience on attendait les journaux et quelles mines soucieuses prenaient les gens, hochant la tête dans leurs conciliabules au coin des rues enfiévrées.

Quand le prince-héritier d'Autriche-Hongrie, François-Ferdinand, et sa femme, avaient été assassinés, à Sarajevo, le 28 juin, tout le monde avait compris, certes, que la situation de l'Europe pouvait devenir inquiétante, et que le sang versé appellerait du sang. Mais après une explosion de colère, l'Autriche avait paru rabattre de ses exigences. Elle faisait dire que tout s'arrangerait. Les diplomates confiants étaient partis aux eaux ou à la mer.

L'Ultimatum de l'Autriche à la Serbie. Brusquement, le 23 juillet, éclatait la bombe savamment préparée : l'Autriche-Hongrie envoyait à la Serbie une note-ultimatum d'un caractère « formidable », dira Sir Edward Grey. Pour venger le meurtre de Sarajevo, la monarchie dualiste n'exigeait rien moins qu'une mainmise absolue sur toute l'organisation administrative judiciaire, scolaire du petit royaume : « A genoux ! semblait-elle dire, et tendez les mains pour qu'on vous les lie à jamais ».

Contre toute attente, la malheureuse et glorieuse Serbie consentait à cette humiliation sans exemple. A une ou deux réserves près, elle souscrivait aux conditions léonines de l'Autriche-Hongrie. On pouvait respirer, semblait-il.

L'Allemagne aux côtés de l'Autriche. Mais non. L'Autriche ne se tenait pas encore pour satisfaite. Il devenait évident que rien ne la contenterait. Il devenait évident que l'Allemagne l'appuyait, de toutes ses forces en voie de mobilisation, pour l'aider à mettre la main sur les Balkans, en passant sur le corps de la Serbie. Il devenait évident que les deux complices étaient fermement décidés à profiter de l'occasion pour réaliser leurs vastes projets d'extension vers l'Orient, imposer leur loi à toute l'Europe et régler, une bonne fois, le compte de leurs adversaires, s'il s'en trouvait pour oser leur tenir tête.

L'Arbitrage repoussé. Vainement France, Russie, Angleterre, cherchèrent-elles à gagner du temps, et multiplièrentelles des propositions de transactions ou de médiations, auxquelles vos parents, sans doute, s'obstinaient à faire fête, espérant jusqu'au bout. Toutes ces tentatives se brisaient devant une volonté de guerre bien arrêtée, lourde et ferme comme un roc. Le 2 août, il nous fallait mobiliser à notre tour.

Vous avez vu alors, enfants, vos mères refouler leurs larmes. Vous avez entendu vos pères s'écrier : « Ça y est, quoi ! Eh bien allons-y ! Depuis si longtemps qu'ils nous cherchent, il vaut mieux en finir une bonne fois ». Et, l'humble paquet sur l'épaule, votre photographie près du cœur, ils partaient, graves, mais fermes.

Ils partaient. Les vieux, après les jeunes, tous les hommes en état de porter les armes quittaient leurs chers foyers. La ville et le village, la montagne et la plaine, envoyaient leurs fils aux wagons fleuris qui les portaient à l'armée. Et pas un ne manquait à l'appel. Dans les yeux de tous ceux que vous avez vu passer, vous avez pu lire la même résolution mâle. D'où qu'ils vinssent, paysans, ouvriers ou bourgeois, catholiques ou socialistes, croyants ou libres penseurs, tous répondaient « présent » ! du même ton tranquillement décidé. Et, oubliant leurs discordes d'hier, on sentait qu'ils n'entendaient plus rivaliser désormais que de courage.

Vous avez été témoins, enfants, de ce magnifique spectacle, par lequel notre pays commençait d'étonner le monde. Retenez-en bien les détails gravés dans votre mémoire ; car ce spectacle, à lui seul, est déjà une démonstration. Il est la preuve que la France tout entière, celle de toutes les provinces et de toutes les classes, celle de tous les métiers et de toutes les opinions,

Notre mobilisation. Fermeté et Union.

*la France entrant en guerre a la conscience tran-
quille.*

A aucun moment la France n'a voulu la guerre.

Si tous ses fils, sans exception, se dressent pour le combat avec cette unanimité d'énergie, c'est que tous ses fils, sans exception, sentent bien qu'à aucun moment, à aucun degré, ni de près, ni de loin, elle n'a voulu la guerre, et qu'au contraire elle a fait pour l'éviter tout ce qui était humainement possible.

Deux ou trois grands souvenirs demeurés très vifs, dans le fond des campagnes comme dans les faubourgs des villes, suffisaient à fonder cette conviction. D'abord on savait fort bien que, vaincus et volés en 70, nous avions refoulé nos sentiments de révolte et fait taire, pour ne pas ensanglanter à nouveau l'Europe, notre désir de revanche : si brûlant que demeurât chez nous le regret des provinces brutalement séparées de la patrie de leur choix, *la République n'aurait jamais, pour essayer de reprendre l'Alsace-Lorraine, déchaîné à nouveau la guerre.*

Les sacrifices de la France au maintien de la paix.

On s'était rendu compte aussi, dans les dernières années surtout, que, malgré cette évidente volonté de paix, l'Allemagne nous cherchait noise. On avait bien compris en 1905, lorsque l'empereur allemand avait débarqué théâtralement à Tanger, pour gêner notre action au Maroc, ce qu'il nous signifiait ainsi : sa volonté de ne rien nous laisser décider, désormais, en Afrique ou en Asie, pas plus qu'en Europe, sans son aveu. On n'avait pas oublié, surtout, la canonnière que, deux ans plus tard, il avait envoyée, menace insolente, pour brusquer le débat engagé sur le Maroc, dans les eaux d'Agadir. Il avait fallu céder. Et certes on ne regrettait pas d'avoir ainsi évité la guerre. Mais, de ce jour, on avait compris la méthode brutale du lourd voisin envahissant, et qu'on ne pourrait sans doute pas, sous peine d'abdiquer toute indépendance nationale, céder à tout coup.

Au surplus, la question ne se posait même pas en août 1914. L'Allemagne ne nous demandait pas notre avis. Elle avait si bien monté son coup cette fois-là, sans doute, qu'elle n'en voulait pas laisser perdre l'effet. Prétextant on ne sait quelles attaques invraisemblables de notre part, elle nous sautait à la gorge. *Jamais le devoir national ne fut plus clair, jamais non plus les cœurs français ne se trouvèrent plus spontanément, plus unanimement à la hauteur du devoir.*

* *

Ce que les cœurs de tous sentaient, dès lors, plus ou moins confusément, — que les vainqueurs de 70 sont aussi les agresseurs de 1914, — il faut savoir, enfants, qu'on peut le démontrer aujourd'hui, à tête reposée, de la façon la plus précise, par des preuves irréfutables.

Durant ces trois années, en effet, les Chancelleries ont publié déjà bien des documents. Ceux-ci sont classés et, confrontés dans des livres que vous devrez lire à loisir, plus tard, pour connaître les dessous du grand conflit qui restera le grand souvenir tragique de votre enfance.

Retenez, en attendant, deux ou trois vérités faciles à prouver et que personne ne saurait plus contester de bonne foi :

1º *L'Allemagne n'a rien fait pour contrarier la volonté belliqueuse de l'Autriche-Hongrie ;*

Les documents diplomatiques, confirmant le sentiment des peuples, prouvent que nos ennemis ont voulu la guerre.

2° L'Allemagne a tout fait pour contrarier la volonté pacifique des Etats de l'Entente ;

3° L'Allemagne, au moment même où elle violait délibérément notre frontière, a, de toutes pièces inventé, pour se justifier, des agressions de notre part qui n'ont jamais eu lieu.

1° Pour arrêter son « brillant second » sur la pente de la violence, l'Allemagne n'avait qu'à faire un signe. Or, elle ne l'a pas fait. La preuve? La preuve, c'est qu'on n'en trouve nulle part la trace dans les documents diplomatiques qu'elle a publiés. Vous savez ce que sont les livres de toutes couleurs — gris, rouges, jaunes, bleus, — qu'éditent les diverses Chancelleries : des recueils de notes ou rapports, dépêches ou lettres, où chaque nation, plaidant devant le tribunal de l'opinion, s'efforce de prouver sa bonne volonté, sa bonne foi, en même temps que la mauvaise volonté et la mauvaise foi de l'adversaire.

L'Allemagne se garde bien de contenir l'Autriche.

Vous pensez bien que l'Allemagne n'eût pas manqué, si elle avait envoyé à l'Autriche le moindre message modérateur, de le publier, en bonne place et en pleine lumière, dans son *Livre Blanc*. Mais vous pourrez le lire et le relire sans rien trouver d'analogue. Ce silence, à lui seul, est un aveu. Il n'y a pas un rameau d'olivier dans le bouquet de l'Allemagne ;

L'Allemagne repousse toute médiation.

2° Au surplus, les preuves positives de la mauvaise volonté de l'Allemagne ne manquent pas; et la meilleure de toutes ces preuves, c'est qu'elle a repoussé systématiquement toutes les formes de conversation, médiation ou arbitrage qu'on lui a proposées pour éviter la guerre. Par trois fois, le 26, le 27, le 29 juillet, l'Angleterre soutenue par la France demande que le litige austro-serbe, qui risque d'ensanglanter l'Europe, soit soumis à une conférence. De son côté, le tsar suggère, le 29 juillet, dans une dépêche personnelle à Guillaume II ---(dépêche que le *Livre Blanc* se garde bien de publier) --- comme la Serbie l'avait suggéré, le 25, dans sa réponse à l'Autriche, qu'on en appelle au tribunal d'arbitrage de La Haye. A chaque fois, refus de l'Allemagne, fins de non-recevoir brutales ou atermoiements systématiques. L'Allemagne ne veut pas qu'on cause. Elle ne veut pas qu'on arbitre. Ce serait contraire, paraît-il, à l'idée qu'elle se fait, tant pour l'Autriche que pour elle-même, du droit supérieur, de la souveraineté sacrée, de la divinité de l'Etat. Et pour qu'il ne soit pas manqué de respect à cette idole, digne héritière des Molochs barbares, il faudra que des millions d'hommes s'entretuent !

Retenons bien ce grief : il est un des plus lourds que puissent porter contre l'Allemagne les démocrates qui mettent leur espoir de paix en des institutions de justice internationale. *L'Allemagne a toujours été, l'Allemagne se révèle, cette fois encore, l'ennemie décidée de tout ce qui tend, de près ou de loin, à la société des nations;*

3° Mais pour se jeter sur nous, comme c'est son dessein, sans que nous ayons seulement le temps de nous mettre en garde, encore lui faut-il, sans doute, des prétextes à donner à son peuple. Qu'à cela ne tienne. Son gouvernement forgera ce qu'il faudra. Ainsi s'expliquent les étonnants griefs sur lesquels M. de Jagow à Paris, M. de Bethmann-Hollweg au Reichstag, fondent la déclaration de guerre qu'ils nous lancent : des patrouilles françaises auraient franchi

Les faux de l'Allemagne.

la frontière d'Alsace avant toute déclaration de guerre. Des avions français auraient laissé tomber des bombes sur la ligne de chemin de fer de Nüremberg !

La légende des avions de Nüremberg. Légendes fantastiques, faux désormais établis. En ce qui concerne Nüremberg, les Allemands eux-mêmes ont dû le reconnaître. Le docteur Schwalbe, en mai 1916, ayant voulu tirer l'affaire au clair, a enfin obtenu, des autorités de Nüremberg, l'aveu qu'il n'y avait rien de vrai dans toute l'histoire. Quant aux incursions en territoire ennemi, on sait que, pour bien marquer notre volonté d'éviter tous incidents de ce genre, nous avions donné ordre à nos troupes de se tenir à 10 kilomètres en arrière de la frontière. La vérité est qu'il y a bien eu des violations de frontière, mais du fait des Allemands — et non pas une fois mais trente fois. Et l'une d'elles a laissé assez de traces pour qu'elle soit irrécusable. Le premier mort de la guerre est **L'assassinat du caporal Peugeot.** un de vos jeunes maîtres, un instituteur qui sortait à peine de l'Ecole Normale, le caporal Peugeot, tué le 2 août à Joncherey, par le lieutenant de cavalerie allemande Mayer : tué avant toute déclaration de guerre, autant dire assassiné.

Début bien allemand d'une guerre où l'Allemagne devait révéler, dès l'abord, sa volonté de passer, sans aucun scrupule, par-dessus toutes les conventions, tous les traités, toutes les lois écrites ou non écrites.

N'oubliez pas, enfants, le chemin de ces sources de la guerre. Ravivez, en vous et autour de vous, ces souvenirs, maintenant précisés par les documents diplomatiques, des derniers jours de juillet et des premiers jours d'août 1914 : les preuves sont là, les preuves irrécusables de l'intraitable volonté de guerre qui animait nos ennemis. Et si, par hasard, vous rencontrez demain des gens doucereux et sceptiques pour vous dire : « Tous les gouvernements, n'est-ce pas? sont logés à la même enseigne ; un peu plus, un peu moins, ils sont tous responsables de la catastrophe », rafraîchissez-leur hardiment la mémoire : vous avez de quoi leur répondre !

* *

Quand bien même, d'ailleurs, tous ces documents diplomatiques où nous trouvons nos preuves nous manqueraient aujourd'hui ; quand ils seraient dispersés à tous les vents comme « chiffons de papier », nous pourrions encore établir de plus d'une façon la responsabilité de l'Allemagne : rien qu'en comparant ses institutions, ses méthodes, ses tendances, à celles de notre République.

Volonté de justice et de paix : c'est ce qui peut se lire à toutes les pages, où le peuple a mis sa griffe, dans le livre grand ouvert de la France contemporaine.

La volonté de guerre se lit dans la constitution, les tendances, les méthodes de l'Allemagne.

Et dans le livre de l'Allemagne, au contraire : Volonté de domination, de conquête, de guerre.

Ici, *un homme* continue à détenir le pouvoir suprême. Il dit ne le tenir que de Dieu. A Dieu seul il doit des comptes, comme de Dieu seul il reçoit ses inspirations.

Vous avez quelque peine, sans doute, enfants d'un pays libre où la raison a triomphé, à vous représenter un état d'esprit aussi singulier,

L'Empereur.

Vous en pressentez du moins le péril. Vous devinez quelles pourront être les prétentions d'un illuminé autoritaire comme celui que l'Allemagne garde à sa tête, et avec quel froncement de sourcil il accueillera les résistances que pourrait rencontrer, au dehors comme au dedans, sa volonté impériale.

Il s'est plus d'une fois vanté naguère, nous le savons, de vouloir assurer à son règne la gloire de la paix. Mais nous savons aussi qu'il est, par dessus tout, un orgueilleux impulsif. On le scandalise dès qu'on lui tient tête. Parce que la Russie et la France refusent de laisser étrangler le petit peuple serbe, il jugera qu'elles méritent une punition exemplaire, rapide comme la foudre qu'il lui appartient de manier.

Au surplus, que de gens en Allemagne sont prêts à le pousser vers la catastrophe !

La « raison de guerre » du grand Etat-Major.

Le Grand Etat-Major, cela va sans dire. Il a préparé la guerre avec minutie et avec amour. Il la veut décisive ; et pour qu'elle soit décisive, impitoyable. Il ne s'en cache pas d'ailleurs. Et si jamais le manuel qu'il a publié pour l'édification de ses officiers. — *Les usages de la guerre continentale*, — vous tombe entre les mains, vous serez stupéfaits de ce cynisme désinvolte. La « raison de guerre » ne doit se laisser arrêter par aucun scrupule, non plus que par aucune convention. Elle permet, elle recommande d'*employer tous les moyens imaginés par la technique moderne, pour détruire non seulement les armées d'un pays, mais toutes ses ressources matérielles et morales*. Ainsi arrivera-t-elle plus rapidement, et par là plus « humainement », au but : briser la volonté de l'ennemi. Mais d'abord, pour que ce but soit sûrement atteint, ne laissons pas à l'ennemi le temps de se mettre en garde. Au mieux de la situation militaire, choisissons notre heure et fonçons. La diplomatie arrangera les choses comme elle pourra. « Il faut, avait dit le général de Moltke, laisser de côté les lieux communs sur la responsabilité de l'agresseur. Lorsque la guerre est nécessaire, il faut la faire en mettant toutes les chances de son côté. Il faut prévenir notre principal adversaire dès qu'il y aura 9 chances sur 10 d'avoir la guerre, et la commencer sans attendre, pour écraser brutalement toute résistance ». On devine en quel sens pareille doctrine a dû peser, dans les conseils qui se réunirent à Berlin entre le 25 juillet et le 2 août 1914.

Il y avait d'ailleurs, en Allemagne, un Etat-Major industriel, tout prêt à emboîter le pas derrière le Grand Etat-Major. Il y avait des associations de commerçants, disposées à demander à l'empereur, avec le docteur Frymann (dont le livre *Si j'étais l'empereur*, publié en 1912, fut tiré à 250.000 exemplaires) « une politique active, c'est-à-dire tranquillement agressive ».

C'est que l'industrie allemande, enivrée par la rapidité inouïe de son essor, commençait à sentir cruellement la pointe de l'anxiété. Les milliers de machines où elle avait mis ses capitaux, elle comprenait que leur arrêt serait sa mort. Il lui fallait donc toujours plus de « sphères d'influence », pour lui procurer toujours plus de débouchés pour ses produits et toujours plus de minerais pour ses hauts-fourneaux.

De là la mauvaise humeur qu'éveille en elle la moindre velléité, chez les autres peuples, d'échapper à ses entreprises. De là l'insistance avec laquelle elle réclame sa « place au

La grande industrie allemande pousse, elle aussi, à la guerre.

soleil », — entendez le droit de continuer à dominer — et rappelle qu'armée et marine doivent enfin servir à quelque chose.

Voulez-vous mesurer en un seul exemple la vitalité de cet état d'esprit? Songez que, l'an dernier encore, à pareille époque, après l'échec des troupes allemandes à Verdun, le Verein des 6 grandes associations industrielles et agricoles d'Allemagne expliquait gravement dans un manifeste, que l'Allemagne ne pouvait, sans une sorte de suicide industriel, laisser Longwy et Verdun à la France : car toujours, de ces places fortes, la France pouvait menacer le bassin d'où s'extrait la « minette, le minerai aussi nécessaire à l'industrie de guerre qu'à l'industrie de paix ».

Ce n'est donc pas le kronprinz tout seul qui pousse les bataillons allemands en assauts forcenés sur la citadelle de Verdun : la métallurgie allemande est avec lui, derrière lui.

Les intellectuels allemands font appel à la force. Les intellectuels du moins, les professeurs, les penseurs, les représentants du vieil idéalisme allemand vont-ils faire frein? Vont-ils limiter les ambitions dévorantes de la grande industrie allemande ou blâmer la doctrine systématiquement inhumaine du Grand Etat-Major?

Dans ce monde-là aussi, vous savez quelle fut notre déception. De la tradition de leurs grands philosophes, des Hegel et des Fichte, les intellectuels d'Outre-Rhin ne retiennent aujourd'hui, pour la plupart, que ce qui peut servir à diviniser l'Etat allemand, la Race allemande. Considérant que l'Allemagne, comme disait le professeur Lasson, est « la création politique la plus parfaite que l'Histoire ait connue », ils tiennent que les Allemands ont le droit, bien plus, le devoir, comme disait le professeur Ostwald, « d'organiser le monde ». Ils déclarent leur culture étroitement solidaire d'un militarisme dont ils s'enorgueillissent. Et si on leur montre les crimes dont celui-ci jalonne sa marche, — villes incendiées, cathédrales bombardées, populations sans défense assassinées, — ils se contentent de hocher la tête, répétant comme une consigne : « ce n'est pas vrai ».

Pénible spectacle : ces savants pensant par ordre, et abdiquant cette liberté de jugement où l'on aimait à voir une de leurs prérogatives professionnelles, les Américains diront que c'est la plus grande faillite morale de la guerre.

Dans quelle mesure la masse elle-même suivait-elle ces différents Etats-Majors? Il est difficile sans doute de le préciser. Et nous aurions aimé pouvoir croire que beaucoup d'hommes du peuple allemand résistaient à l'enseignement impérialiste. Vous savez quelle était la devise préférée de vos ancêtres : « Guerre aux palais, paix aux chaumières ». Nous aurions aimé l'appliquer, cette fois-ci encore. Et beaucoup de démocrates, chez nous, espèrent toujours que le peuple allemand finira par ouvrir les yeux, se redresser, et châtier ses maîtres.

Le peuple en Allemagne.

En attendant, c'est un fait qu'il les a laissés, sans esquisser un geste de résistance, préparer et perpétrer l'agression. A quelque classe et à quelque opinion qu'ils appartiennent, deux traits, de l'aveu de ceux qui les connaissent, distinguent les Allemands : une docilité personnelle sans exemple, un orgueil collectif sans limite. L'Allemagne est le pays où les interdictions de toutes sortes pullulent ; sur toutes les

Docilité personnelle et orgueil collectif.

murailles vous lisez : *Verboten* — défendu. C'est le pays aussi où les interdictions de toutes sortes sont le mieux respectées. C'est le paradis des agents de police. Ils y sont obéis au doigt et à l'œil. L'Allemand est toujours prêt à se courber devant le représentant, quel qu'il soit, de l'autorité. Il est toujours prêt aussi à se redresser devant le représentant, quel qu'il soit, d'une autre race. Car les autres races, à ses yeux, restent des races inférieures, incapables *d'organisation* et qui devraient être trop heureuses d'être initiées à la *culture*. Conviction qui semble partagée, à des degrés différents, par toutes les couches, jusqu'aux plus basses, de la société allemande. C'est un des faits qui étonnaient le plus les voyageurs. C'est un de ceux aussi qui expliquent le mieux, peut-être, l'attitude du peuple allemand devant la guerre.

L'attitude du socialisme allemand.

La partie même de ce peuple qui semblait le mieux organisée pour la critique du gouvernement n'a pas su résister à ce double entraînement de docilité et d'orgueil : la social-démocratie a laissé l'impérialisme mener son jeu. Elle avait été avertie pourtant. Les articles du journal socialiste le *Vorwaerts*, prouvent que ses rédacteurs ont clairement compris à quelle catastrophe conduisaient les exigences brutales de l'Autriche, *secondée* et *conseillée*, — ils le laissent entendre — par l'Allemagne. Le journal ne cessait de se plaindre, depuis le 25 Juillet, des « mauvais conseils » par lesquels on encourageait l'Autriche à « *poursuivre la voie de la provocation la plus sauvage* ». Le 30 Juillet, il écrivait encore : « En Angleterre, c'est une idée admise que l'empereur allemand, en sa qualité d'allié et de conseiller de l'Autriche, peut, en

Il a prévu la catastrophe, dénoncé la manœuvre impériale.

secouant sa toge, faire sortir de ses plis la paix ou la guerre. L'Angleterre a raison. Au point où nous en sommes, *la décision dépend de Guillaume II* ». Et pourtant, quand vient l'heure décisive, on oublie ces responsabilités établies. On passe l'éponge. On donne quittus à l'empereur. Le 4 août 1914, le parti socialiste au Reichstag — comme il avait voté, deux ans auparavant, les crédits nécessaires à un formidable accroissement des forces militaires de l'Empire — a voté sans hésitation ni réserves, les crédits nécessaires à l'entrée en guerre. Il a pris ce jour-là devant l'Histoire sa part du crime.

> Il se fait complice de l'Empereur.

Qu'est-ce à dire, sinon qu'en Allemagne, décidément, les contrepoids manquaient pour faire échec aux partis pris de domination, aux visées de conquêtes, aux impulsions belliqueuses ? On a dit de la Prusse de naguère : « Ce n'est pas une nation qui possède une armée, c'est une armée qui possède une nation. La guerre est son industrie nationale ». Depuis, l'Allemagne unifiée a beau avoir été transformée, de fond en comble, par le mouvement de la grande industrie, elle reste soumise à l'emprise prussienne. L'officier-hobereau y garde le pas sur l'industriel comme sur l'intellectuel, et il les fait marcher, eux aussi, militairement. Au service de la capacité agressive de l'Empire, on met en Allemagne toute la pensée, comme toute la matière : les idées, comme le fer, le charbon, le chlore. *En vérité, l'Allemagne contemporaine est une machine de guerre, la plus lourde, la plus complexe, la plus formidable que jamais l'humanité ait vue.*

> Une armée qui possède une nation.

> L'Allemagne machine de guerre.

* *

Que cette machine si bien montée ne nous ait pas écrasés dès qu'elle s'est mise en mouvement, cela restera pour les historiens un sujet d'admiration.

L'Agression.

D'autant que, pour être sûre de régler vite notre compte, avant de se retourner vers la Russie, *l'Allemagne ajoutait aussitôt la déloyauté à la brutalité de l'agression.* Elle n'hésitait pas, pour nous frapper au point le plus faible, à passer sur le corps de la malheureuse Belgique.

La violation de la neutralité belge.

Que diriez-vous d'un homme qui, pour atteindre son adversaire, renverserait et piétinerait une jeune fille innocente? Crime d'autant plus inexpiable qu'au bas du traité qui garantissait la neutralité belge, l'Allemagne avait mis sa signature. Elle renie cette signature, elle déchire ce papier, et ainsi, en même temps qu'elle écrase la Belgique, elle couche dans la boue et dans le sang la statue de la foi jurée. Elle rend tout traité caduc. Elle tue pour longtemps la confiance des peuples.

Les Belges résistèrent en héros, et la ténacité des défenseurs de Liège nous fit gagner un temps précieux pour l'achèvement de notre mobilisation. D'un autre côté, indignée et alarmée en même temps par la déloyauté allemande, l'Angleterre entrait résolument dans la bataille à nos côtés. Elle ne pouvait malheureusement nous prêter à ce moment-là que quelques divisions. Et c'était des masses énormes, où toutes leurs réserves étaient incorporées, c'était deux millions d'hommes avec 4.000 canons de campagne, 450 batteries de canons lourds, 700 mortiers, que l'Allemagne lançait, à marches forcées, à travers la Belgique.

Vainement, modifiant son plan initial, notre Etat-Major appela, pour faire face au danger qui venait par le Nord, les forces qu'il pensait diriger vers l'Est. Le premier choc nous fut défavorable. Le général en chef prit la décision de rompre le combat et de commander la retraite.

Sombres journées ! Vos jeunes cœurs eux-mêmes ont peut-être senti, à ce moment-là, passer un frisson d'angoisse dans le pays. On retombait de si haut ! On avait appris, avec quel tressaillement d'espérance difficile à maîtriser, l'audacieuse avance de nos troupes en Alsace : les poteaux frontières arrachés, Mulhouse reprise, nos soldats reçus en sauveurs. Mais on comprenait à présent que nous allions être encore une fois envahis, et qu'il fallait d'abord songer à se défendre, à arrêter un flot d'hommes qui, par les plaines ouvertes du Nord, semblait devoir tout submerger. Nos armées devaient reculer, reculer encore, et déjà les vieux, chez nous, commençaient à dire : « ce sera donc comme en 70 ! »

Ce ne fut pas comme en 70. Notre repli était méthodique. Serrée de près par endroits, notre armée n'était point la bête traquée que va forcer le chasseur triomphant. Elle se retournait pour de rudes coups de boutoirs, comme à Guise, le 30 août. Elle attendait en frémissant d'impatience, pour faire de nouveau face à l'ennemi, le signal du chef au regard clair, au sang-froid imperturbable, qui avait préféré céder du sol de la Patrie, plutôt que de compromettre sa suprême sauvegarde : l'armée combattante.

L'heure sonne, le 4 septembre. Von Kluck

fonçait sur Paris, d'un élan massif qui semblait irrésistible. Déjà l'on pouvait croire que la capitale allait revoir les barbares. Pour quelles bacchanales de violence ! Notre cœur frémit encore à cette pensée. Mais von Kluck, au lieu de continuer sa route en ligne droite, oblique à gauche.

Von Kluck se détourne de Paris. Sans doute, obéissant au principe traditionnel de l'Etat-Major allemand qui veut qu'on détruise les forces combattantes avant de s'arrêter aux villes, il poursuit, pour l'achever, une armée qu'il croit aux abois ; il s'engage ainsi dans le long couloir hérissé de nos baïonnettes, qui va de Paris à Verdun. Galliéni, qui vient d'être nommé gouverneur de Paris, voit la faute du général allemand, la signale à Joffre, qui envoie aussitôt Maunoury sur l'Ourcq où il a mission de déborder l'aile droite ennemie. Les autotaxis parisiens, réquisitionnés, lui apporteront des divisions fraîches de renfort.

L'ordre de résistance à outrance. Le généralissime a lancé son fameux ordre : « Ne plus regarder en arrière... Se faire tuer plutôt que de reculer... Aucune défaillance ne peut plus être tolérée ». Il n'y eut pas de défaillance. Tout lassés et troublés qu'ils pussent être par une retraite de plus de quinze jours, les soldats, qui ont compris la grandeur de l'enjeu, se redressent au garde-à-vous du chef, et aucune des armées, échelonnées de l'Ourcq aux Vosges, ne manque à sa mission. Pendant que le général de Castelnau, au Grand-Couronné, garde Nancy inviolée, Sarrail, autour de Verdun, tient tête aux forces doubles du kronprinz, Foch, au centre, attire sur lui la garde impériale et enfin la refoule dans les marais de Saint-Gond. Von Kluck, inquiété sur son aile droite, a dû se retourner. L'incursion hardie des Russes en Prusse orientale retient là-bas des divisions qui auraient pu renforcer son aile droite. Bientôt, il faut qu'il rétrograde, et son repli entraine celui de toutes les armées allemandes, de droite à gauche. Elles refont à marche forcée, dans un silence anxieux, le chemin qu'elles faisaient en chantant et en criant « à Paris ! » Nos soldats goûtent la joie enivrante de courir sur les talons ferrés de l'envahisseur et de le reconduire par des routes où des milliers de bouteilles vidées attestent son amour des vins de France.

Victoire de la Marne ! Première étape du relèvement libérateur ! Tant qu'il y aura une France, cet anniversaire sera célébré avec une piété reconnaissante ; car il est bien vrai que, de ce jour, date l'écroulement du plan allemand. Fini le rêve d'humilier Paris par le défilé triomphal de l' « incomparable » armée gris-vert, pour l'édification du monde ! Envolée l'espérance de régler, en quelques semaines, le compte de l'adversaire d'Occident, afin de se retourner, les mains libres, vers l'adversaire d'Orient ! Le maître-atout de l'Allemagne, — la « rapidité », disait M. de Jagow, — lui est arraché des mains. Il apparaît que ses calculs étaient faux, ses félonies inutiles, et que, même d'un coup brutal déloyalement asséné, elle ne pouvait nous abattre.

La Victoire de la Marne.

La victoire de la Marne est une des plus belles révélations de la France. Notre pays y donne la mesure de son incroyable faculté de redressement, que nos amis mêmes semblaient parfois en passe de méconnaitre.

La Révélation de la France.

On nous croyait abâtardis. On nous retrouve indomptables. Véritable résurrection, a-t-on dit : les antiques vertus d'une race guerrière repa-

Les vertus antiques et l'élan vers la Liberté.

raissent aux Champs catalauniques. Et il y a, en effet, des heures où nos plus lointains ancêtres revivent en nous et semblent combattre dans nos rangs. Seulement, à ces nobles impulsions qui viennent du fond des siècles, s'ajoutaient, cette fois, celles qui sont dues à l'élan même de notre peuple vers la liberté. Nos soldats se sont redressés, non seulement parce qu'ils sont les descendants des compagnons de Roland, ou de Bayard, de Duguesclin ou de Jeanne d'Arc, mais parce qu'ils sont les fils de la démocratie. Leur courage est fait, pour une part, du sentiment d'indignation éprouvé, devant l'agression allemande, par des citoyens qui avaient conscience de ne vouloir que la paix. « *La République*, dira Joffre, *peut être fière des armées qu'elle a préparées* ». Pour notre Ecole aussi, revendiquons sa part d'honneur. *Elle peut être fière des générations qu'elle a élevées :* on y a recruté des combattants pour la victoire de la Marne.

La part d'honneur de l'Ecole.

Victoire malheureusement incomplète. La poursuite s'arrête sur l'Aisne. Notre cavalerie est à bout de souffle, et nos canons à court d'obus. L'ennemi se terre. Les deux armées vont rester face à face.

La poursuite arrêtée.

Un moment, chacun des deux partis conserve l'espoir de tourner l'adversaire. Dans les plaines du Nord, entre la Somme et le Pas-de-Calais, Il y a encore des espaces libres. L'ennemi pourrait envelopper notre aile gauche ; nous pourrions envelopper son aile droite. De là ce qu'on a appelé « la course à la mer » : un effort des deux ailes pour se gagner de vitesse. Grâce à des dispositions rapidement prises — les trains qui transportent nos troupes circulent, sur certaines

La course à la mer.

lignes, à raison de 220 par jour, — nous arrivons à temps, du moins, pour établir le barrage. Nous aidons l'armée qui revient d'Anvers à faire front à son tour et à préserver de l'invasion le dernier lambeau du sol belge. Des rives de la Mer du Nord aux montagnes d'Alsace, deux lignes de fossés vont s'étendre, séparées par la zone de mort. Les fantassins s'y abritent des effets terribles des armes à feu modernes. L'ère des tranchées commence. La guerre prend le caractère d'une gigantesque guerre de siège. *La « forteresse Allemagne » est encerclée, et son armée, dressée cependant pour les irrésistibles offensives, tentera en vain désormais les sorties libératrices.*

L'ère des tranchées. La guerre de siège.

Elle s'acharne d'abord sur le barrage qui vient d'être établi au Nord. Au magique mot d'ordre : « A Paris ! » le Kaiser en a substitué un autre : « A Calais ! » A Calais, d'où l'on pourra châtier la détestable Angleterre ! Et puisqu'on n'a pu envelopper l'ennemi, on martèlera son front jusqu'à ce qu'il craque. Chocs formidables : il y a des jours où les Anglais, malgré leur ténacité, sont près de céder ; il y a des points où la situation est si critique qu'un de nos généraux, dit-on, le général Moussy, ramasse tout ce qu'il trouve de non-combattants derrière les lignes — conducteurs, brancardiers, cuistots, — et les envoie boucher un trou.

Mais l'armée belge, qui se bat en désespérée, a appelé à son secours les eaux protectrices : sous leur linceul elle est décidée à ensevelir, s'il le faut, pour le préserver de la souillure, ce qui lui reste du sol de la patrie. A Dixmude, les fusilliers marins, de l'amiral Ronar'ch « s'accrochant à la terre comme aux épaves d'un vaisseau », font des prodiges déjà légendaires. Et Foch, qui

La Bataille de l'Yser.

collabore étroitement avec French, lui fournit tous les appoints voulus. Vainement donc le commandement allemand multiplie, inexorable, les colonnes d'assaut. La fleur de la jeunesse allemande sera fauchée là. Coude à coude, chantant des hymnes pour se donner du cœur, les jeunes soldats, bien encadrés, marchent pesamment vers nos lignes. Notre 75 en couche des milliers à terre. Calais, comme Paris, reste hors d'atteinte. Telle fut la bataille de l'Yser !

L'Armée allemande se retourne vers l'Orient. L'expérience pourra se renouveler. La démonstration est faite. *L'armée allemande, sur notre front, est fixée.* Et certes, se retournant vers l'Est, elle gagnera encore de l'espace. Hindenburg trouvera moyen de contraindre à la retraite les troupes russes, qui manquent d'obus et même de fusils ; Mackensen prendra sur les Serbes la revanche des Autrichiens qui, entrés en Serbie, avaient été si brillamment reconduits à la frontière ; il écrase le pays sous ses gros canons. Et plus tard la Roumanie presque tout entière aura le même sort que la Serbie...

Mais d'abord, même de ce côté, l'élan allemand est contenu. Si nous ne sommes pas arrivés à temps pour sauver le territoire de la Serbie, nous recueillons tout ce que nous pouvons de son armée impatiente de le reconquérir.

Nous l'inquiétons à Salonique. Et, *en réussissant à nous maintenir à Salonique, nous inquiétons le flanc des armées impériales, nous empêchons l'Allemagne de bâtir tranquillement le pont colossal qui hante ses rêves, entre l'Europe centrale et l'Orient.*

L'Allemagne se rend compte, d'ailleurs, que la décision ne peut être obtenue que sur notre front, et qu'elle n'aura rien gagné définitivement tant qu'elle n'aura pas mis hors de cause le « principal ennemi » qu'elle voulait terrasser dès l'abord.

De là les retours offensifs qu'elle multiplie contre nous. Vous connaissez le plus célèbre : l'attaque de Verdun. Après Paris, après Calais, c'est Verdun qu'on veut prendre : Verdun que les Allemands ont jadis occupée deux fois, où Gœthe a logé pendant sa fameuse campagne de 1792, Verdun qui forme un saillant dans nos lignes et qui peut toujours être pour nos armées une porte de sortie, Verdun qui commande la route de Reims à Metz, « Verdun, cœur de la France », dit le Kronprinz, qui aimerait à redorer sa gloire devant la vieille citadelle.

Pour assurer son succès — ce devait être « la dernière offensive contre la France », disait à son 15e corps le général Daimling — on avait concentré les meilleures troupes, près de 500.000 hommes, et un matériel énorme ; on avait ramené de partout les canons-géants, dont quelques-uns lancent des blocs d'acier de 600 kilos. Et l'assaut-monstre est si bien préparé que, les premiers jours, il paraît irrésistible. Nos lignes de défense sont enlevées. Eux-mêmes, les héroïques chasseurs de Driant sont débordés au bois des Caures. Les Allemands arrivent aux zones où il n'y a plus de tranchées préparées. Un poste de Brandebourgeois se faufile jusque dans le fort de Douaumont, « pierre angulaire de la défense ». La citadelle de Verdun est dominée. Va-t-elle donc tomber à son tour? De nouveau, vous avez pu lire en ces jours — du 24 au 26 février 1916 — de terribles angoisses aux yeux rougis de vos parents.

Mais la division de fer est arrivée et, dès son premier bond, reprend du terrain. Derrière elle, divisions sur divisions sont amenées en automobiles. Pétain, méthodiquement, les fait donner et les remplace au moment voulu. « Il faut vivre ici comme sous un marteau-pilon », a dit un de ces soldats. Les tranchées, sous l'intensité de l'arrosage, ont presque disparu. Par endroits, la terre forme comme des vagues et semble une mer figée. On rampe d'entonnoirs en entonnoirs. Et, dans ce chaos infernal, les soldats, souvent séparés de tout chef, sans ordre, sans pain, sans eau, tiennent jusqu'à la mort : « Ils se battent pour eux-mêmes ».

La Gloire de nos soldats à Verdun. Le soldat de la République s'est acquis là une gloire incomparable. Dans bien des pays du monde, en 1916, quand le nom de Verdun est prononcé, les foules se lèvent, pour témoigner leur admiration respectueuse. « Bravo, France ! », crie-t-on. *C'est sur nos drapeaux, non sur ceux du Kronprinz, que la victoire de Verdun est venue s'inscrire.*

Les Allemands diront, après coup, qu'ils voulaient, non pas tant prendre Verdun et percer notre front, qu'attirer dans ce saillant, pour les user méthodiquement, toutes nos forces disponibles et nous empêcher ainsi de prendre l'offensive au printemps. La bataille de la Somme fut la réponse. On vit quel coup d'épaule nous étions capables de donner à nos alliés les Anglais, fiers de montrer de leur côté ce qu'avait pu devenir la « méprisable petite armée » que raillait Guillaume II en 1914.

Une fois l'envahisseur arrêté, nous avions pu, les uns et les autres, travailler à forger les armes qui nous manquaient et à rattraper l'avance qu'avait assurée à nos ennemis, préparés de longue main, leur volonté d'agression.

Vous savez l'effort d'improvisation prodigieux que firent les Anglais. En frappant du pied le sol de l'Ile, si réfractaire pourtant à l'idée du service militaire, Lord Kitchener en fit sortir des légions. La Grande-Bretagne ne pouvait, en août 1914, nous envoyer que 80.000 soldats. En août 1915, magnifiquement aidée par la loyauté d'un Empire étendu à toutes les parties du monde, elle avait 3 millions d'hommes sous les armes. Et elle mettait au service de la guerre toute la puissance de son industrie.

De notre côté, nous organisions, à l'arrière, la production de munitions qui nous manquaient. Vous avez vu peut-être, autour de vos villages, d'étranges usines sortir de terre. Ou bien vous croisez, dans les rues des grandes villes, des équipes d'ouvriers et d'ouvrières, au teint livide, aux traits tirés, qui vont fabriquer la poudre ou tourner les obus. Ces travailleurs font, eux aussi, leur part de guerre. Et si elle est la moins glorieuse, elle n'est pas la moins utile. L'usine pourvoit l'armée. Songez que, pour cent obus fabriqués en 1914, nous atteignions plus de 3.000 en 1916 ; pour 100 kilos de poudre en 1914, près de 300 en 1916 ; pour 100 mitrailleuses en 1914, près de 9.000 en 1916. Que seraient devenus nos soldats sans cet afflux toujours croissant? Sur les champs de bataille modernes, le courage nu est condamné à l'impuissance. *L'horrible guerre d'aujourd'hui devient de plus en plus un duel de métallurgistes : c'est à qui écrasera l'autre sous un déluge d'acier.*

Le progrès de nos offensives La puissance croissante de ce matériel aidant la persistante vaillance de nos soldats, nous avions pu déjà mordre, à plus d'une reprise, sur l'ennemi retranché. A Beauséjour, en février 1915, à Carency, en mai, et surtout en Champagne, en septembre, nous forcions l'ennemi à des reculs de plus en plus larges, nous lui faisions des prisonniers de plus en plus nombreux.

La Bataille de la Somme. Mais c'est surtout à partir de la bataille de la Somme qu'apparaît la preuve que la supériorité du matériel, elle aussi, passe dans les mains des Alliés. L'ennemi a pu, pendant des mois, bétonner des abris, creuser des tunnels, multiplier les labyrinthes de galeries. Rien ne résiste à l'intensité du bombardement. La grosse artillerie anglaise dépense alors, en un jour, plus d'obus que n'en avait produit toute l'Angleterre dans la première année de la guerre. Et l'avalanche continue pendant des jours et des jours.

Le Recul allemand. L'Allemand a compris l'avertissement. Et quand il sent que l'offensive de la Somme va être continuée et amplifiée, il prend le parti de soustraire ses armées à ce pilonnement formidable. Il se décide à battre en retraite. Il abandonne Noyon, d'où il semblait continuer à menacer notre capitale, maintenant perdue pour lui à jamais. Il lâche cent villages, où il s'était installé comme pour toujours. Il les lâche, mais non sans les ruiner de fond en comble, démolissant jusqu'aux caves des maisons, comblant les puits, coupant à ras les arbres des vergers. Acharnement féroce où il est permis de voir, non seulement un effort méthodique pour gêner l'avance des armées poursuivantes, mais la rage du coup manqué.

Etre obligé de reculer, en effet, quand on est l'armée « incomparable », après qu'on a chanté sur tous les tons que l'Allemagne ne devrait son salut qu'à l'offensive brusquée, destructrice des forces militaires de l'ennemi ! Lorsqu'il avait fallu renoncer à ce plan initial, on s'était consolé en élargissant les territoires conquis : on s'étalait triomphalement sur eux. Et voici qu'il fallait commencer à les abandonner ! Voici que la seule stratégie désormais possible, c'était le recul pas à pas !

Ce recul dans la Somme et sur l'Oise a sans doute permis aux Allemands d'esquiver une partie des coups terribles que nous leur réservions. Et quand nous avons repris contact avec eux, ils avaient ramené en hâte des troupes du front russe : ils ont pu, non sans nous abandonner 50.000 prisonniers et 1 millier de kilomètres de terrain, échapper une fois encore à la percée. Il n'importe. Le peu de succès de leurs contre-attaques acharnées, coups de boutoir qui n'enfoncent plus, est le signe *qu'ils commencent à être à court de réserves*, et que la guerre d'usure qu'ils ont voulue aura sa conclusion logique.

Que l'on mesure seulement le chemin parcouru, que l'on compare au programme et aux principes du Grand Etat-Major, sûr d'une victoire rapide et décisive, l'état de défensive en retraite où ses armées sont réduites ; et l'on comprendra que l'abîme est ouvert sous les pas de l'Allemagne. *Le peuple allemand, s'il a des yeux pour voir, peut mesurer l'abîme où ses chefs l'ont conduit.*

L'Armée
allemande
condamnée
à la défensive
en retraite.

* *

Vous savez avec quel amour profond et grave vos pères ont pensé à vous, tout le long de cette

Pourquoi
vos pères
se battent.

dure guerre. Aux minutes fiévreuses qui précèdent l'assaut, au moment de gravir les échelles de tranchées pour braver le risque suprême, ou bien dans les veilles interminables sous la neige, sous la pluie, dans la boue, et quand il faut s'enterrer pour se garer des rafales d'acier, vos pères, souvent, ont comme entendu votre voix enfantine, ils se sont représenté vos yeux rieurs. Et vous savez aussi le vœu qui montait à leurs lèvres à ces moments-là : « Que nos enfants du moins ne voient pas ce que nous avons vu ! »

Un instituteur parisien, Boullé, tué depuis à l'ennemi, écrivait du front à ses élèves : « Le sacrifice de la vie sera nécessaire si nous voulons arriver à signer une paix glorieuse, si nous voulons vous éviter, à vous autres, mes amis, de nouveaux sacrifices et encore l'horrible spectacle de la guerre. Nous devons persister à nous battre pour que vous viviez votre vie dans la paix. » Chose admirable et peut-être unique dans l'histoire : nos combattants qui ont montré plus d'énergie guerrière, peut-être, que jamais armées n'eurent à en déployer, gardent presque tous au cœur l'horreur de la guerre.

« Tuer la guerre », c'est leur véritable idéal, cent fois attesté par leurs lettres. Et s'ils endurent stoïquement tant de souffrances, c'est soutenus par l'espérance que l'humanité en saura désormais éviter le retour, avertie qu'elle doit être par cette terrible leçon. Les nations sauront s'entendre, et soumettre leurs différends à une justice supérieure. Les peuples sauront obliger les gouvernements qui resteraient intraitables à rabattre de leur orgueil.

Ce beau rêve est-il en train de prendre corps ?

Sommes-nous, dès à présent, sur le chemin qui conduit à la paix durable?

Certes, un grand pas est fait. Et vous n'avez, pour vous en rendre compte, qu'à vous représenter un admirable spectacle : le cercle aux couleurs variées des nations qui se sont réunies, de tous les points du globe, pour se dresser contre la tyrannie allemande, et qui forment dès à présent une véritable ligue armée pour la paix et la liberté. Admirable spectacle, disons-nous ; car, en même temps qu'il nous rappelle *l'immensité des moyens d'action mis au service de l'idéal qui nous est cher*, il démontre à lui seul, de façon éclatante, la *justice de notre cause*, et que nous sommes bien, en face d'un Empire taillé pour l'oppression du monde, les défenseurs du droit violé. Nous avions certes senti le double prix de pareilles adhésions, dès les premières qui nous étaient venues : après l'Angleterre, incapable de rester impassible devant la Belgique odieusement envahie, l'Italie réclamait spontanément son poste de combat, l'Italie qui a, dans le Trentin et à Trieste, comme nous en Alsace-Lorraine, des populations à délivrer, incorporées à un Empire oppresseur malgré leur volonté formelle. Tous les peuples qui ont ainsi la réparation de quelque grande injustice à exiger, comme tous ceux qui ont à cœur l'avenir des institutions démocratiques, — la Roumanie comme le Portugal, — se sont jetés à nos côtés dans la bataille pour le droit.

Le cercle des Alliés.

Mais les derniers venus dans la Grande Alliance ne doivent pas être les moins fêtés, car ils y sont venus plus librement encore et de plus

L'entrée en guerre de l'Amérique

loin. Tout semblait conspirer à tenir l'Amérique à l'écart de la guerre européenne. Elle y entre pourtant aujourd'hui, et toutes voiles déployées. La brutalité germanique s'est chargée d'ouvrir les yeux aux plus pacifiques citoyens d'outre-Atlantique. Devant l'insistance du gouvernement allemand à réclamer, pour ses sous-marins, le droit d'envoyer femmes et enfants au fond des mers, l'Amérique a compris que ce gouvernement, selon le mot du juriste qu'est le président Wilson, est « l'ennemi naturel de la liberté ». Elle a compris qu'*il n'y aura pas de répit pour l'humanité, ni d'avenir pour l'esprit démocratique, tant que cette autocratie ne sera pas mise dans l'impossibilité de nuire.* Et c'est pourquoi nous voyons — événement historique d'une portée incalculable — la grande démocratie pacifique de plus de cent millions d'hommes s'armer à son tour et rassembler, pour nous seconder le plus vite possible, tout ce qu'elle a de soldats, de marins, de vaisseaux, et d'or, et de fer, et de blé.

Les garanties de la paix durable. Il est beau de sentir derrière nous l'immensité de ces réserves. Dans l'entrée en guerre de l'Amérique, qui ne revendique rien pour elle-même, nous pouvons voir la garantie que la paix que nous voulons sera durable en effet, et que les ententes dont rêvent nos citoyens-soldats, les ententes démocratiques entre libres nations, feront enfin la loi au monde. En attendant, on nous aidera de toute façon à continuer d'exercer, s'il le faut, sur l'Allemagne la pression qui doit la ramener, de gré ou de force, à la raison.

Il est possible, en effet, qu'il faille continuer d'exercer cette pression quelque temps pour la rendre décisive. Il n'est point sûr que l'Allemagne, entêtée dans son rêve d'orgueil, ait dès à présent compris la leçon des faits que nous avons résumés.

Et certes il n'est plus le même qu'au début, le ton de ceux qui parlent au nom de l'Allemagne. Au fur et à mesure que ses généraux devaient rabattre de leurs visées, ses diplomates devaient modérer leurs exigences. Rien n'est plus instructif, à cet égard, que de comparer entre eux, du premier au dernier, les discours au Reichstag du chancelier de l'Empire, M. de Bethmann-Holweg. Au dernier, il se contente de dire qu'il ne veut rien dire ! Il entend rester un doigt sur la bouche, attendant les événements. Mais, autour de lui, que de gens, que d'associations parlent encore ! Et quelles incroyables volontés de conquête, à l'Est comme à l'Ouest, du côté de la Belgique et de Briey comme du côté de la Courlande et de la Lithuanie, leurs déclarations révèlent !

Changements de ton en Allemagne.

Le grand amiral Tirpitz ne promettait rien de moins au peuple allemand qu'un « horizon embrassant toute la terre ».

Persistance de l'Impérialisme.

L'action exercée par ces maniaques de l'impérialisme, qui ne rêvent qu'expansion à main armée est-elle, du moins, contrebalancée en Allemagne par l'action du peuple même? On voudrait l'espérer. Sa lassitude est assurément grande. Malgré trop de fissures, le blocus qu'entretient la vigilance de nos flottes fait sentir ses effets, de plus en plus cruellement, sur les marchés des villes allemandes. Si les habitants de l'Allemagne assiégée ne souffrent pas encore

Lassitude du peuple allemand.

ce qu'ont souffert en 70 les habitants de Paris assiégé, ils subissent du moins, et depuis de longs mois, des privations cent et mille fois plus graves que celles dont vous avez pu sentir l'atteinte, l'hiver dernier. Il semble bien que ces privations persistantes finissent par éveiller là-bas des colères. Les émeutes sont nombreuses. Les ménagères cassent souvent les vitres. Et il y a des gens qui commencent enfin à murmurer : « Décidément, le gouvernement impérial nous a trompés ».

Lenteur de l'éducation démocratique en Allemagne. Voulez-vous voir pourtant à quel point ce mouvement de réflexion démocratique est lent en Allemagne ? Demandez-vous, cette fois encore, quelle attitude a pris le parti d'opposition soi-disant systématique, la social-démocratie. Nous avons rappelé ce qu'elle a fait, à la déclaration de guerre. Que fait-elle aujourd'hui — aujourd'hui que le déroulement des événements et la publication des documents ont pu dessiller tous les yeux — que fait-elle pour la préparation de la paix ?

Ce que proposent les « Ambassadeurs » de la Social-démocratie. L'esprit qui anime ses « ambassadeurs », nous avons pu l'admirer tout récemment. *Faire rendre à l'Allemagne tout ce qu'on a pu lui prendre depuis trois ans : ses colonies. Ne rien lui faire rendre de ce qu'elle a pris naguère :* il ne se trouve plus un socialiste allemand, aujourd'hui, pour dénoncer le crime et la faute de Bismarck, pourtant dénoncée par des socialistes allemands, au lendemain de 70, et pour reconnaître que l'Alsace-Lorraine, comme c'est sa volonté cent fois exprimée, doit faire retour à la France. *Quant aux responsabilités de la guerre, n'en pas parler :*

question oiseuse. Voilà, en bref, tout le programme qu'on nous fait proposer.

Qu'est-ce à dire, sinon que la leçon n'a pas encore été pleinement comprise et qu'il nous faut nous tenir prêts à aggraver, avec toutes les ressources dont nous pouvons disposer, la pression que nous exerçons sur l'Allemagne assiégée?

Les craquements précurseurs de l'écroulement se produiront dans l'édifice impérial plus tôt que nous ne pensons. Tout le monde, certes, en accueillerait la nouvelle avec un soulagement indicible. Mais il nous faut accepter virilement, pour notre part, la nécessité de tenir jusqu'à ce que ces craquements se produisent en effet.

Nécessité de continuer la pression sur l'Allemagne.

Dure nécessité. C'est imposer à notre pays, peut-être, une prolongation de l'effort surhumain qu'il a si courageusement accepté. C'est retarder, peut-être, l'heure bénie où vous verrez le père reprendre enfin sa place au foyer. C'est demander à votre mère, peut-être, d'endurer, dans l'inquiétude de tous les jours et de toutes les nuits, des privations encore...

Peut-être ! Mais pour accepter ces éventualités d'un cœur ferme, il n'est que de bien regarder en face ce qui arriverait si notre victoire n'était pas décisive. Et en vérité les choses sont si claires que vous-mêmes, enfants, malgré la jeunesse de votre raison, vous en pouvez juger.

* *

Si notre victoire n'était pas décisive, les populations annexées contre leur gré et contre tout droit

Si notre victoire n'était pas décisive...

à des empires oppresseurs ne seraient pas délivrées. Alsaciens-Lorrains, Italiens du Trentin et de Trieste, Polonais de Posnanie, Slaves et Roumains d'Autriche-Hongrie, Arméniens de Turquie continueraient d'être brimés, violentés, persécutés de mille manières. Ils pleureraient, avec des larmes de rage, l'occasion irrévocablement perdue. Les peuples ne seraient pas arrivés à disposer d'eux-mêmes, et tant d'injustices non réparées continueraient à empoisonner de germes de guerre l'atmosphère de l'Europe.

Si notre victoire n'était pas décisive, ceux qui ont voulu, prémédité et déclaré la guerre ne subiraient pas la moindre peine pour leur crime démontré. Le Kaiser continuerait à pouvoir parader à la promenade de Berlin, « Sous les Tilleuls ». Et, non ébranlé dans sa foi orgueilleuse, il se hâterait de préparer, en imposant sa loi de fer à un peuple trop docile, une atroce revanche.

Si notre victoire n'était pas décisive, les démocraties en resteraient pour longtemps paralysées. La preuve aurait été faite que les peuples libres sont décidément incapables d'être des peuples forts, et, même en se coalisant, de défendre leur avenir contre un Etat de droit divin qui traite les hommes en machines. Et une grande inquiétude démoraliserait ceux qui croient au progrès par la liberté.

Chez nous, en particulier, l'élan de la République qui veut élever des générations d'hommes libres et fraternels serait comme brisé. Et, mécontents de la disproportion qui persisterait entre les sacrifices imposés et les résultats apportés par la guerre nous ne retrouverions ni l'aisance matérielle, ni la sécurité morale, sans laquelle on ne peut rêver une société meilleure.

Est-ce cela, après tant de sacrifices, que nous pouvons vouloir?

A la question ainsi posée, vos cœurs de jeunes Français, fils d'une race généreuse et élèves d'une école de fierté civique, ont par avance répondu.

JEAN CUSSAC, IMP., 40, RUE DE REUILLY, PARIS.